Orações para Todos

Por

Antony Roberts

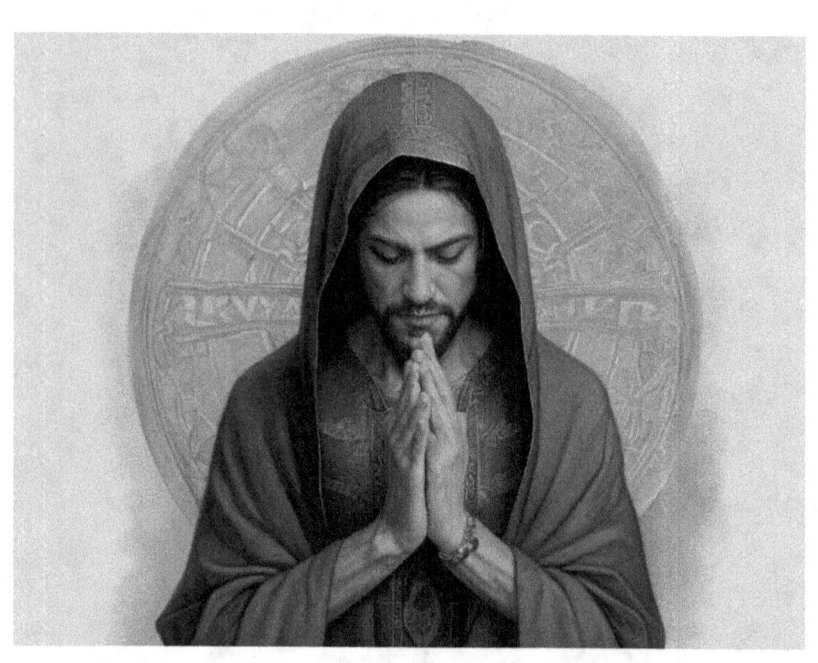

Em Busca da Conexão Divina

Orações para o Desenvolvimento Pessoal e Espiritual

Sumário

Introdução:

Bem-vindos a uma jornada de elevação espiritual e crescimento pessoal através da contemplação, reflexão e oração. Este livro é um convite para explorar as dimensões mais profundas de nossa existência, guiados por palavras que transcendem o comum e conectam a alma ao divino.

Nestas páginas, encontraremos um tesouro de orações cuidadosamente elaboradas, cada uma projetada para nutrir aspectos específicos do nosso ser. São preces que vão além das palavras, buscando tocar o âmago de quem as pronuncia, convidando à reflexão sobre a vida, o propósito, o amor e a conexão com algo maior do que nós mesmos.

Cada oração é uma expressão de intenções sinceras, uma jornada espiritual encapsulada em palavras. O propósito é claro: promover o desenvolvimento pessoal e espiritual, proporcionando um espaço para o autoconhecimento, a compaixão, a gratidão, a resiliência, o empoderamento e a união com o divino.

À medida que mergulhamos nestas páginas, convido você, querido leitor, a abrir seu coração e mente. Permita que essas orações sirvam como guias em sua própria busca interior, inspirando um despertar para as infinitas possibilidades de crescimento e transformação.

Que este livro seja mais do que uma leitura; que seja uma experiência sagrada, um diálogo entre sua alma e as palavras aqui contidas. Que a luz que emana destas orações ilumine os cantos mais escuros da jornada de cada leitor, revelando um caminho de autodescoberta e conexão divina.

Que a busca pela verdade interior nos conduza a um estado de ser onde a paz, o amor e a sabedoria são tecidos na tapeçaria da nossa existência cotidiana. Que esta obra sirva como uma fonte constante de inspiração e guia, acompanhando-o ao longo da sua jornada de desenvolvimento pessoal e espiritual.

Com gratidão e bênçãos.

Dedicatória:

Dedico este livro a todos os buscadores da verdade interior, aos corações sedentos por crescimento espiritual e desenvolvimento pessoal. Que estas orações sejam um farol a iluminar os caminhos da sua jornada, guiando-os rumo à paz, sabedoria e amor incondicional. Que cada palavra escrita aqui ressoe no âmago de suas almas, inspirando uma conexão mais profunda consigo mesmos, com os outros e com o divino. Que este livro seja uma bússola na jornada da vida, conduzindo-os a um estado de serenidade, empoderamento e compaixão. Que a luz que emanamos ao buscar nosso próprio desenvolvimento pessoal ilumine o mundo ao nosso redor. Com gratidão e amor, [Seu Nome].

Capítulo 1: Orações de Gratidão

1.   Oração de Agradecimento pela Vida: "Querido Deus, em humildade, agradeço pela dádiva da vida que me concedeu. Cada novo dia é uma oportunidade para crescer, aprender e contribuir para o bem do mundo. Sou grato pela respiração que preenche meus pulmões e pela chance de viver uma vida plena."

2.   Oração de Gratidão pelas Bênçãos Diárias: "Pai Celestial, agradeço pelas bênçãos que recebo diariamente. Cada pequeno gesto de bondade, cada raio de sol e cada encontro significativo são lembranças tangíveis do Seu amor incondicional. Abro meu coração para receber e expressar gratidão por todas as dádivas que enriquecem minha jornada."

3.   Oração de Agradecimento pelos Relacionamentos: "Senhor, agradeço por cada pessoa que colocou em meu caminho. Os amigos que me apoiam, a família que me ama e

as conexões que enriquecem minha vida. Que eu possa cultivar esses relacionamentos com sabedoria e gratidão, reconhecendo neles a manifestação do Seu amor."

4.   Oração de Gratidão pela Natureza: "Criador Divino, contemplo a maravilha da Sua criação na natureza ao meu redor. Agradeço pela beleza dos campos, pela serenidade dos rios e pela grandiosidade das montanhas. Que eu seja um guardião responsável da Terra, preservando Sua magnífica obra."

5.   Oração de Agradecimento pelo Alimento: "Deus provedor, agradeço por este alimento que sustenta meu corpo. Conscientizo-me da jornada que cada ingrediente percorreu até chegar à minha mesa. Que minha gratidão se estenda a todos os que contribuíram para esta refeição, e que eu nutra meu corpo com sabedoria e respeito."

6.   Oração de Gratidão pelas Oportunidades: "Senhor da providência, agradeço pelas oportunidades que se apresentam em minha vida. Cada desafio é uma chance de

crescimento, e cada conquista é um testemunho da Sua graça. Ajude-me a reconhecer e aproveitar cada oportunidade com gratidão e diligência."

7. Oração de Agradecimento pela Saúde: "Deus da cura, agradeço pela saúde que me concede. Cada batida do meu coração é um lembrete do Seu presente precioso. Que eu cuide do meu corpo, mente e espírito, valorizando a dádiva da saúde e buscando equilíbrio em todas as áreas da minha vida."

Capítulo 2: Orações de Perdão

1. Oração para Pedir Perdão a Deus: "Divino Criador, reconheço minhas falhas diante de Ti. Peço humildemente o Teu perdão por pensamentos, palavras e ações que possam ter desapontado. Dá-me a força para aprender com meus erros e cultivar um coração compassivo."

2. Oração de Perdão pelos Erros Próprios: "Senhor, olho para dentro de mim com honestidade. Percebo as áreas em que falhei e as pessoas que magoei. Conceda-me a coragem de reconhecer meus erros, a sabedoria para corrigi-los e a graça para perdoar a mim mesmo, assim como Tu perdoas."

3. Oração de Perdão pelos Erros dos Outros: "Deus misericordioso, conscientizo-me das vezes em que fui magoado por outros. Conceda-me o dom do perdão, para liberar o peso da mágoa do meu coração. Ajuda-me a enxergar a humanidade em todos e a

compreender que, assim como eu, todos estão sujeitos a erros."

4. Oração para Superar Ressentimentos: "Pai celestial, sinto o peso do ressentimento em meu coração. Ajude-me a liberar esse fardo, a compreender que o perdão é um ato de libertação pessoal. Que eu possa seguir em frente com compaixão e amor, deixando para trás qualquer sentimento de rancor."

5. Oração pela Paz Interior Após Perdoar: "Senhor da paz, agradeço por me guiar pelo caminho do perdão. Sinto agora a paz que vem ao liberar as amarras do ressentimento. Que essa paz interior seja um farol em minha vida, irradiando compaixão e aceitação para comigo mesmo e para com os outros."

6. Oração para Aceitar o Perdão Divino: "Deus de misericórdia, aceito humildemente o Teu perdão. Reconheço que, apesar das minhas falhas, Tu me amas incondicionalmente. Ajuda-me a internalizar essa graça divina, a viver uma vida renovada no Teu amor e a compartilhar esse amor com os outros."

7. Oração para Liberar Culpa: "Divino Redentor, reconheço os fardos da culpa que carrego. Peço a Tua orientação para superar essa culpa, compreendendo que, quando me arrependo sinceramente, Tu me purificas. Ajuda-me a viver em liberdade, sabendo que sou perdoado e capaz de recomeçar."

Exemplificação e Essencialização:

Exemplo da Oração de Perdão pelos Erros Próprios: "Senhor, reconheço as vezes em que falhei, em pensamento, palavra e ação. Peço o Teu perdão e a sabedoria para corrigir meus caminhos. Ajuda-me a aprender e crescer com meus erros, capacitando-me a viver uma vida mais alinhada com Teus ensinamentos. Amém."

Lembre-se de que a essencialização consiste em manter as orações simples, diretas e significativas, tornando-as acessíveis e poderosas para quem as utiliza.

Capítulo 3: Orações de Força e Coragem para o Desenvolvimento Pessoal e Espiritual

1.   Oração para Superar Desafios: "Divino Guia, em momentos de desafio, peço a Tua força. Dá-me coragem para enfrentar os obstáculos com determinação e fé. Que cada desafio seja uma oportunidade de crescimento e superação, fortalecendo meu caráter e minha confiança em Ti."

2.   Oração por Coragem em Tempos Difíceis: "Senhor da coragem, quando os tempos são difíceis, ajuda-me a manter a fé. Concede-me a força interior para persistir diante das adversidades. Que a Tua luz ilumine meu caminho, dissipando as sombras da incerteza e fortalecendo minha resiliência."

3.   Oração pela Força Interior: "Deus da fortaleza, eu busco a Tua força interior. Que a coragem e a determinação emanem do meu ser, capacitando-me a enfrentar os desafios com

graça e firmeza. Que eu encontre em Ti a inspiração para superar qualquer obstáculo."

4.   Oração por Firmeza de Espírito: "Pai Celestial, concede-me firmeza de espírito. Que eu não seja abalado pelos ventos da dúvida, mas que permaneça firme em minha fé e convicções. Capacita-me a seguir adiante com determinação, mesmo diante das incertezas do caminho."

5.   Oração para Enfrentar Medos: "Senhor da coragem, enfrentar meus medos é um desafio, mas conto com a Tua presença para superá-los. Concede-me a coragem necessária para confrontar o desconhecido e crescer através das experiências que me assustam. Que eu possa confiar na Tua orientação."

6.   Oração por Resiliência: "Deus da resiliência, em meio às tribulações, peço a Tua graça. Que eu possa ser como a árvore que, mesmo diante das tempestades, permanece firme. Capacita-me a aprender com as adversidades, tornando-me mais forte e resiliente a cada desafio superado."

7. Oração pela Coragem de Seguir Adiante: "Divino Orientador, quando o caminho parece difícil, dá-me a coragem de seguir adiante. Ilumina meu caminho com a Tua luz, fortalece minha vontade de perseguir meus objetivos e concede-me a confiança necessária para enfrentar o futuro com esperança."

Exemplificação e Essencialização:

Exemplo da Oração para Superar Desafios: "Senhor, em momentos desafiadores, eu busco Tua força. Concede-me a coragem para enfrentar os obstáculos com fé e determinação. Que cada desafio seja uma oportunidade de crescimento, fortalecendo meu espírito. Amém."

Contextualização para o Desenvolvimento Pessoal e Espiritual: Essas orações são projetadas para proporcionar suporte emocional, mental e espiritual em momentos desafiadores. Ao incorporar essas práticas de oração no desenvolvimento pessoal, a pessoa busca fortalecer sua resiliência, cultivar coragem diante das adversidades e nutrir uma conexão espiritual que serve como guia e fonte de força interior. Essas orações são ferramentas para a jornada de autodescoberta e crescimento espiritual.

Capítulo 4: Orações de Bênçãos para o Desenvolvimento Pessoal e Espiritual

1.   Oração de Bênçãos para a Família: "Pai Celestial, abençoa minha família com amor, compreensão e união. Que cada membro seja envolto pela Tua graça, e que nossa casa seja um refúgio de paz. Abençoa-nos com força para enfrentar desafios e celebrações para compartilhar juntos. Amém."

2.   Oração de Bênçãos para Amigos: "Deus da amizade, abençoa meus amigos com alegria, saúde e sucesso. Que nossa amizade seja sustentada pela Tua bondade, e que possamos ser fonte de apoio uns aos outros. Que as

bênçãos que compartilhamos se multipliquem em nossas vidas."

3. Oração de Bênçãos para o Trabalho: "Senhor do trabalho, abençoa meu trabalho com propósito e significado. Que eu possa contribuir positivamente para o mundo ao meu redor. Concede-me sabedoria e discernimento nas minhas tarefas, e que cada desafio no trabalho seja uma oportunidade de crescimento e aprendizado."

4. Oração de Bênçãos para os Estudos: "Divino Educador, abençoa meus estudos com clareza mental e foco. Que cada página lida e cada conhecimento adquirido seja uma bênção para minha mente. Concede-me perseverança nos momentos desafiadores e alegria na jornada do aprendizado."

5. Oração de Bênçãos para a Saúde: "Deus da saúde, abençoa meu corpo com vitalidade e bem-estar. Que eu cuide do meu templo físico com respeito e gratidão. Concede-me força para superar doenças e sabedoria para fazer

escolhas que promovam a minha saúde em todos os aspectos."

6.   Oração de Bênçãos para o Lar: "Senhor, abençoa meu lar com harmonia e paz. Que cada canto seja preenchido com amor e compreensão. Protege-nos de energias negativas e permite que nosso lar seja um lugar sagrado, onde a presença divina é sentida em cada momento."

7.   Oração de Bênçãos para os Sonhos: "Divino Arquiteto dos Sonhos, abençoa meus objetivos e aspirações. Que meus sonhos estejam alinhados com a Tua vontade, e que eu encontre a coragem para persegui-los. Que cada passo na direção dos meus sonhos seja abençoado e guiado pela Tua sabedoria."

Exemplificação e Essencialização:

Exemplo da Oração de Bênçãos para a Família: "Deus amoroso, abençoa minha família com Tua graça. Que o amor floresça em nosso lar, proporcionando compreensão e união. Abençoa cada membro da minha família com saúde, alegria e sucesso. Que nosso lar seja um reflexo do Teu amor. Amém."

Contextualização para o Desenvolvimento Pessoal e Espiritual: Estas orações são ferramentas poderosas para invocar bênçãos divinas em diferentes áreas da vida. Ao incluir essas práticas no desenvolvimento pessoal e espiritual, busca-se fortalecer os laços familiares, cultivar relacionamentos positivos, encontrar propósito no trabalho e nos estudos, cuidar da saúde holística, criar um ambiente harmonioso em casa e buscar realizações alinhadas com os planos divinos. Essas orações são uma expressão de fé e confiança na orientação divina para cada aspecto da jornada pessoal e espiritual.

Capítulo 5: Orações de Conforto para o Desenvolvimento Pessoal e Espiritual

1. Oração para Encontrar Paz Interior: "Divino Paz, em meio às turbulências da vida, busco a serenidade em Tua presença. Concede-me a paz que ultrapassa todo entendimento, acalmando as tormentas internas. Que eu encontre tranquilidade em Tua graça, fortalecendo meu desenvolvimento pessoal e espiritual. Amém."

2. Oração para Consolar os Enlutados: "Senhor de Conforto, olha com misericórdia para aqueles que carregam o fardo da perda. Concede-lhes consolo nas horas sombrias, envolvendo-os com Tua compaixão. Que Tua luz dissipe a tristeza e fortaleça seus corações durante o processo de cura. Amém."

3. Oração para Superar a Solidão: "Deus Companheiro, em momentos de solidão, busco

Tua presença acolhedora. Enche meu coração com a certeza de que nunca estou verdadeiramente sozinho. Concede-me a capacidade de encontrar conexões significativas, fortalecendo meu desenvolvimento pessoal e espiritual. Amém."

4. Oração por Conforto em Momentos de Tristeza: "Divino Consolador, em meio à tristeza, busco Tua consolação. Enxuga minhas lágrimas e envolve-me com Tua graça restauradora. Que Tua luz dissipe a escuridão, permitindo-me encontrar alegria mesmo nas circunstâncias difíceis. Amém."

5. Oração para Encontrar Esperança: "Senhor da Esperança, em meio às incertezas, busco Tua luz orientadora. Renova minha esperança, permitindo-me enxergar além das circunstâncias presentes. Que a confiança em Ti fortaleça meu desenvolvimento pessoal e espiritual. Amém."

6. Oração para Lidar com a Ansiedade: "Deus de Paz, em momentos de ansiedade, busco Tua presença calmante. Concede-me a

serenidade para enfrentar as preocupações e a confiança de que estás no controle. Que Tua paz transcenda as ansiedades, promovendo meu desenvolvimento pessoal e espiritual. Amém."

7. Oração para Alívio em Tempos de Estresse: "Senhor de Descanso, em meio ao estresse, busco Tua paz restauradora. Concede-me alívio nas cargas pesadas e fortalece-me para enfrentar os desafios. Que Tua presença seja meu refúgio, promovendo o desenvolvimento equilibrado do meu ser. Amém."

Exemplificação e Essencialização:

Exemplo da Oração para Lidar com a Ansiedade: "Deus de Paz, em momentos de ansiedade, busco Tua presença calmante. Concede-me serenidade para enfrentar preocupações e a confiança de que estás no controle. Que Tua paz transcenda as ansiedades, promovendo meu desenvolvimento pessoal e espiritual. Amém."

Contextualização para o Desenvolvimento Pessoal e Espiritual: Essas orações oferecem suporte emocional e espiritual para lidar com as complexidades da vida. Ao integrar essas práticas no desenvolvimento pessoal e espiritual, a pessoa busca encontrar paz interior, consolar os que sofrem, superar a solidão, enfrentar momentos de tristeza com esperança, lidar com a ansiedade de maneira equilibrada e encontrar alívio em tempos de estresse. Essas orações são uma fonte de conforto e força espiritual, essenciais para uma jornada de crescimento e equilíbrio. Amém.

Capítulo 6: Orações de Louvor para o Desenvolvimento Pessoal e Espiritual

1.   Oração de Louvor pela Criação: "Criador Divino, diante da majestade da Tua criação, meu coração transborda de louvor. Agradeço pela beleza dos céus, pela harmonia da natureza e pelo milagre da vida. Que meu louvor seja uma expressão constante da gratidão pelo Teu magnífico trabalho. Amém."

2.   Oração de Adoração a Deus: "Deus Soberano, venho diante de Ti em adoração. Tu és digno de todo louvor e glória. Aceita minha humilde reverência e inspira-me a viver em Teu serviço, refletindo a Tua bondade e amor. Que cada respiração seja um hino de adoração a Ti. Amém."

3.   Oração de Louvor pelo Amor Divino: "Senhor do Amor, diante da grandiosidade do Teu amor incondicional, meu coração transborda de louvor. Agradeço por ser

envolvido por Tua graça redentora. Que meu viver seja uma resposta constante, expressando amor aos outros como Tu me amaste. Amém."

4. Oração de Agradecimento pela Graça: "Deus da Graça, em humildade, agradeço pela Tua generosidade infindável. Cada dia é um presente da Tua graça, e por isso eu ofereço meu louvor. Que minha vida seja uma manifestação contínua de gratidão pela Tua bondade. Amém."

5. Oração de Admiração pela Sabedoria Divina: "Divino Sábio, diante da Tua sabedoria infinita, meu ser se maravilha. Agradeço por Tua orientação constante e pela luz que ela traz aos meus caminhos. Que eu busque a sabedoria divina em todas as escolhas e a compartilhe com generosidade. Amém."

6. Oração de Celebração pela Vida: "Senhor da Vida, em celebração pela dádiva da existência, elevo meu louvor a Ti. Agradeço por cada momento de alegria, desafio e crescimento. Que eu viva cada dia com a

consciência da santidade da vida que Tu me concedeste. Amém."

7.　Oração de Gratidão pela Salvação: "Deus Salvador, diante do sacrifício redentor, meu coração se enche de gratidão. Agradeço pela salvação que encontramos em Cristo. Que minha vida seja uma resposta de amor e dedicação, reconhecendo o dom da salvação que Tu nos ofereceste. Amém."

Exemplificação e Essencialização:

Exemplo da Oração de Adoração a Deus: "Deus Soberano, em humildade me coloco diante de Ti. Tu és digno de toda adoração e glória. Aceita minha reverência e guia-me em Teu serviço, para que minha vida reflita Tua bondade e amor. Que cada ato seja um testemunho do meu louvor a Ti. Amém."

Contextualização para o Desenvolvimento Pessoal e Espiritual: Estas orações são projetadas para nutrir o desenvolvimento pessoal e espiritual através do louvor e da adoração a Deus. Ao incorporar essas práticas, a pessoa busca aprofundar sua conexão espiritual, expressar gratidão pela criação, cultivar um coração cheio de amor divino e reconhecer a sabedoria presente na orientação divina. Essas orações são uma fonte de inspiração e renovação espiritual, alimentando a jornada de crescimento e transformação pessoal. Amém.

Capítulo 7: Orações de Busca Interior para o Desenvolvimento Pessoal e Espiritual

1.   Oração pela Sabedoria Interior: "Divino Guia, conduze-me à sabedoria que reside em meu interior. Ajuda-me a discernir entre o certo e o errado, a compreender as verdades mais profundas da vida. Que a sabedoria que busco seja uma luz constante em minha jornada de desenvolvimento pessoal e espiritual. Amém."

2.   Oração pela Paz Interior: "Senhor da Paz, neste momento de busca interior, acalma as ondas tumultuosas do meu coração. Concede-me a paz interior que ultrapassa as circunstâncias externas. Que eu encontre tranquilidade em Tua presença e que essa paz permeie todas as áreas da minha vida. Amém."

3.   Oração pela Consciência Plena: "Deus Presente, guia-me à consciência plena do momento presente. Ajuda-me a apreciar cada respiração, a valorizar cada experiência. Que a

minha busca interior me conduza à plena consciência, permitindo-me viver de forma mais autêntica e alinhada com a Tua vontade. Amém."

4. Oração pelo Autoconhecimento: "Senhor que conhece cada detalhe de quem sou, ilumina os recantos mais profundos da minha alma. Ajuda-me a compreender minhas motivações, a reconhecer minhas fraquezas e a abraçar minhas virtudes. Que a busca interior pelo autoconhecimento seja um caminho de crescimento e transformação. Amém."

5. Oração pela Gratidão Interior: "Deus da Gratidão, ensina-me a cultivar um coração agradecido em todos os momentos. Que a gratidão floresça em meu interior, reconhecendo as bênçãos diárias e celebrando as dádivas da vida. Que a busca interior pela gratidão transforme minha perspectiva e atitude. Amém."

6. Oração pela Coragem Interior: "Divino Fortalecedor, infunde-me com coragem interior. Ajuda-me a enfrentar meus medos, a

superar desafios e a abraçar novas oportunidades. Que a busca interior pela coragem me conduza a uma vida mais ousada e alinhada com a Tua vontade. Amém."

7. Oração pela Compreensão Espiritual: "Senhor da Luz, guia-me à compreensão espiritual mais profunda. Que a busca interior me leve a conhecer-te de maneiras que transcendam as palavras. Concede-me a visão espiritual para compreender o propósito maior da vida e o significado da minha jornada. Amém."

Exemplificação e Essencialização:

Exemplo da Oração pela Sabedoria Interior: "Divino Guia, conduze-me à sabedoria que reside em meu interior. Ajuda-me a discernir entre o certo e o errado, a compreender as verdades mais profundas da vida. Que a sabedoria que busco seja uma luz constante em minha jornada de desenvolvimento pessoal e espiritual. Amém."

Contextualização para o Desenvolvimento Pessoal e Espiritual: Essas orações são projetadas para fomentar a busca interior, um aspecto crucial do desenvolvimento pessoal e espiritual. Ao incorporar essas práticas, a pessoa busca sabedoria, paz, consciência plena, autoconhecimento, gratidão, coragem e compreensão espiritual. Essa busca interior se torna um caminho de autodescoberta, crescimento espiritual e alinhamento com os valores divinos. Essas orações são uma expressão da aspiração por uma vida mais profunda e significativa. Amém.

Capítulo 8: Orações de Gratidão e Abundância para o Desenvolvimento Pessoal e Espiritual

1. Oração de Gratidão pelas Pequenas Alegrias: "Divino Doador, agradeço pelas pequenas alegrias que iluminam meus dias. Que a minha gratidão seja um reflexo da consciência constante das bênçãos simples da vida. Que eu aprenda a encontrar alegria nas pequenas coisas, cultivando um coração grato. Amém."

2. Oração pela Gratidão em Tempos Desafiadores: "Senhor da Esperança, em meio aos desafios, agradeço pela oportunidade de crescimento e aprendizado. Que a minha gratidão não dependa apenas das circunstâncias favoráveis, mas floresça mesmo nas adversidades. Que cada desafio seja um degrau para o meu desenvolvimento pessoal e espiritual. Amém."

3. Oração de Abundância Espiritual: "Deus Fonte Inesgotável, agradeço pela abundância espiritual que flui de Ti. Que eu reconheça a

riqueza do amor, compaixão e paz que emanam da Tua presença. Que a busca pela abundância espiritual seja o alicerce do meu desenvolvimento pessoal. Amém."

4. Oração pela Gratidão nas Relações: "Senhor do Amor, agradeço pelas relações que enriquecem minha vida. Que eu expresse minha gratidão aos que caminham ao meu lado, cultivando conexões baseadas no respeito e na compreensão. Que minhas relações sejam fontes de apoio e crescimento mútuo. Amém."

5. Oração pela Gratidão na Adversidade: "Divino Refúgio, mesmo nas adversidades, agradeço pela Tua presença constante. Que a minha gratidão seja uma luz que dissipa as sombras da desesperança. Que eu encontre força e coragem nas dificuldades, sabendo que Tu estás comigo. Amém."

6. Oração pela Prosperidade com Propósito: "Senhor da Prosperidade, agradeço pela abundância que recebo com propósito. Que minha prosperidade seja um instrumento para promover o bem ao meu redor. Que eu

compartilhe generosamente o que recebo, contribuindo para o desenvolvimento da comunidade e do mundo. Amém."

7.   Oração pela Gratidão na Jornada da Vida: "Deus da Jornada, agradeço por cada capítulo da minha vida. Que eu veja cada experiência, seja ela doce ou desafiadora, como uma dádiva. Que a minha jornada seja marcada pela gratidão, crescimento e uma conexão mais profunda Contigo. Amém."

Exemplificação e Essencialização:

Exemplo da Oração de Gratidão pelas Pequenas Alegrias: "Divino Doador, agradeço pelas pequenas alegrias que iluminam meus dias. Que a minha gratidão seja um reflexo da consciência constante das bênçãos simples da vida. Que eu aprenda a encontrar alegria nas pequenas coisas, cultivando um coração grato. Amém."

Contextualização para o Desenvolvimento Pessoal e Espiritual: Essas orações são projetadas para cultivar uma mentalidade de gratidão e reconhecimento das abundâncias presentes na vida. Ao incorporar essas práticas, a pessoa busca desenvolver uma atitude de gratidão não apenas nas situações favoráveis, mas também nas adversidades. A busca pela abundância espiritual e a gratidão constante se tornam pilares para o desenvolvimento pessoal, promovendo relacionamentos saudáveis, crescimento emocional e espiritualidade enraizada na apreciação pela vida. Amém.

Capítulo 9: Orações de Perdão e Cura para o Desenvolvimento Pessoal e Espiritual

1.   Oração de Busca pelo Perdão Interior: "Divino Misericordioso, guia-me na busca pelo perdão interior. Ajuda-me a liberar ressentimentos e a encontrar a paz que vem através do perdão. Que a minha jornada de perdão seja uma fonte de cura e crescimento pessoal. Amém."

2.   Oração para Pedir e Oferecer Perdão: "Senhor da Graça, capacita-me a pedir e oferecer perdão. Que eu compreenda a importância do perdão como um ato de amor e liberação. Que a minha vida seja marcada pela generosidade de perdoar e pela humildade de buscar perdão. Amém."

3.   Oração de Cura das Feridas do Passado: "Deus de Cura, venho diante de Ti com as feridas do passado. Concede-me a cura interior necessária para seguir adiante. Que a Tua luz dissipe as sombras do sofrimento e que a minha

jornada de cura seja um testemunho da Tua graça transformadora. Amém."

4. Oração por Liberação de Culpa e Vergonha: "Divino Redentor, liberta-me da culpa e vergonha que pesam sobre o meu coração. Concede-me a compreensão da Tua misericórdia e a força para seguir adiante com leveza. Que a minha busca por liberação seja um passo em direção ao desenvolvimento pessoal e espiritual. Amém."

5. Oração de Perdão para Relacionamentos: "Senhor da Reconciliação, abençoa meus relacionamentos com o dom do perdão. Que eu possa superar desentendimentos e construir pontes de compreensão. Que o perdão floresça em cada interação, promovendo a harmonia e o crescimento mútuo. Amém."

6. Oração por Perdão de Si Mesmo: "Deus Compassivo, concede-me a graça do perdão para comigo mesmo. Ajuda-me a liberar o peso das minhas próprias falhas e erros. Que a jornada de auto perdão seja um caminho em

direção à aceitação e ao desenvolvimento pessoal. Amém."

7. Oração de Cura de Relacionamentos Feridos: "Senhor da Cura, intervém nos relacionamentos que estão feridos e necessitam de restauração. Que a Tua luz dissipe as sombras da mágoa e do ressentimento. Que a busca pela cura nos relacionamentos seja uma expressão do Teu amor restaurador. Amém."

Exemplificação e Essencialização:

Exemplo da Oração para Pedir e Oferecer Perdão: "Senhor da Graça, capacita-me a pedir e oferecer perdão. Que eu compreenda a importância do perdão como um ato de amor e liberação. Que a minha vida seja marcada pela generosidade de perdoar e pela humildade de buscar perdão. Amém."

Contextualização para o Desenvolvimento Pessoal e Espiritual: Estas orações são projetadas para nutrir o processo de perdão e cura, elementos essenciais no desenvolvimento pessoal e espiritual. Ao incorporar essas práticas, a pessoa busca liberar ressentimentos, curar feridas do passado, liberar culpa e vergonha, cultivar relacionamentos saudáveis, perdoar a si mesmo e buscar reconciliação em situações difíceis. A jornada de perdão e cura se torna um caminho de crescimento espiritual e paz interior. Amém.

Capítulo 10: Orações de Orientação Divina para o Desenvolvimento Pessoal e Espiritual

1.   Oração pela Direção Divina: "Divino Guia, conduze-me com Tua sabedoria divina. Que cada passo da minha jornada seja guiado pela Tua luz. Concede-me discernimento para tomar decisões alinhadas com a Tua vontade. Que a busca pela Tua orientação seja a bússola do meu desenvolvimento pessoal e espiritual. Amém."

2.   Oração para Aceitar a Vontade Divina: "Senhor, aceito a Tua vontade como a luz que ilumina o meu caminho. Ajuda-me a render-me ao Teu plano, mesmo quando não compreendo totalmente. Que a minha confiança em Ti seja alicerçada na aceitação da Tua vontade soberana para a minha vida. Amém."

3.   Oração por Discernimento Espiritual: "Deus   da   Sabedoria,   concede-me discernimento   espiritual.   Que   eu   possa compreender   as   nuances   da   Tua   vontade   e seguir o caminho que Tu tens para mim. Que a

busca pelo discernimento seja uma jornada de crescimento espiritual e fortalecimento da minha conexão Contigo. Amém."

4. Oração pela Obediência à Vontade Divina: "Senhor da Vida, ajuda-me a ser obediente à Tua vontade. Que eu siga Teus mandamentos com um coração aberto e submisso. Que a minha obediência seja um reflexo do amor e reverência que tenho por Ti. Que cada ato de obediência promova meu desenvolvimento pessoal e espiritual. Amém."

5. Oração por Revelação Divina: "Divino Revelador, manifesta Tua vontade para mim. Que eu esteja aberto à Tua revelação, seja ela através da oração, das Escrituras ou da orientação divina. Que cada revelação seja uma luz clara no meu caminho, orientando-me no desenvolvimento da minha jornada. Amém."

6. Oração por Direção nas Decisões Importantes: "Senhor dos Destinos, guia-me nas decisões importantes da minha vida. Que eu possa buscar Tua direção ao tomar escolhas que impactam meu presente e meu futuro. Que

cada decisão seja tomada em alinhamento com a Tua vontade soberana. Amém."

7. Oração pela Confiança na Providência Divina: "Deus Providente, confio na Tua orientação e cuidado divino. Que eu reconheça Tua mão soberana em todos os aspectos da minha vida. Que a busca pela Tua orientação fortaleça minha fé e confiança em Tua providência constante. Amém."

Exemplificação e Essencialização:

Exemplo da Oração pela Direção Divina: "Divino Guia, conduze-me com Tua sabedoria divina. Que cada passo da minha jornada seja guiado pela Tua luz. Concede-me discernimento para tomar decisões alinhadas com a Tua vontade. Que a busca pela Tua orientação seja a bússola do meu desenvolvimento pessoal e espiritual. Amém."

Contextualização para o Desenvolvimento Pessoal e Espiritual: Estas orações são formuladas para nutrir a busca pela orientação divina, uma parte vital do desenvolvimento pessoal e espiritual. Ao incorporar essas práticas, a pessoa busca a sabedoria divina em cada decisão, aceitação da vontade de Deus, discernimento espiritual, obediência às orientações divinas e confiança na providência divina. Essa busca pela orientação divina se torna a espinha dorsal do desenvolvimento espiritual, proporcionando clareza, propósito e confiança na jornada da vida. Amém.

Capítulo 11: Orações de Renovação e Transformação para o Desenvolvimento Pessoal e Espiritual

1.   Oração pela Renovação Interior: "Divino Renovador, renova o meu interior com a Tua graça. Que eu seja transformado pela força regeneradora do Teu amor. Concede-me um coração puro e uma mente renovada, guiando-me no desenvolvimento pessoal e espiritual. Amém."

2.   Oração para Superar Hábitos Destrutivos: "Senhor da Libertação, concede-me a força para superar hábitos que me prejudicam. Que a Tua luz dissipe as sombras dos padrões destrutivos. Ajuda-me a cultivar hábitos que promovam a saúde, a alegria e o desenvolvimento pessoal. Amém."

3.   Oração pela Transformação da Mente: "Deus da Sabedoria, transforma a minha mente com a Tua verdade. Liberta-me de pensamentos negativos e padrões prejudiciais. Que a minha mente seja renovada pela Tua

palavra, promovendo um desenvolvimento mental saudável e espiritual. Amém."

4. Oração pela Restauração dos Relacionamentos: "Senhor Restaurador, intervém nos relacionamentos que precisam de cura. Renova os laços que foram abalados e restaura a comunhão perdida. Que a busca pela restauração dos relacionamentos seja um caminho de desenvolvimento pessoal e espiritual. Amém."

5. Oração pela Transformação de Atitudes: "Divino Modelador, transforma minhas atitudes para refletirem Teu amor. Ajuda-me a cultivar uma disposição de bondade, compaixão e humildade. Que a transformação das minhas atitudes promova um desenvolvimento autêntico e espiritual. Amém."

6. Oração pela Renovação da Esperança: "Senhor da Esperança, renova a chama da esperança dentro de mim. Em momentos de desânimo, que a Tua luz ilumine meu caminho, trazendo renovada confiança no futuro. Que a

busca pela renovação da esperança seja um impulso para o desenvolvimento pessoal. Amém."

7. Oração pela Transformação do Coração: "Deus Transformador, molda o meu coração de acordo com o Teu. Remove qualquer dureza e enche-me com amor genuíno. Que a transformação do meu coração seja a base do meu desenvolvimento pessoal e espiritual. Amém."

Exemplificação e Essencialização:

Exemplo da Oração pela Superação de Hábitos Destrutivos: "Senhor da Libertação, concede-me a força para superar hábitos que me prejudicam. Que a Tua luz dissipe as sombras dos padrões destrutivos. Ajuda-me a cultivar hábitos que promovam a saúde, a alegria e o desenvolvimento pessoal. Amém."

Contextualização para o Desenvolvimento Pessoal e Espiritual: Essas orações são formuladas para promover a renovação e transformação interior, aspectos fundamentais no desenvolvimento pessoal e espiritual. Ao incorporar essas práticas, a pessoa busca renovação na mente, superação de hábitos prejudiciais, restauração de relacionamentos, transformação de atitudes, renovação da esperança e transformação do coração. A jornada de renovação e transformação se torna um processo contínuo de crescimento e alinhamento com valores espirituais. Amém.

Capítulo 12: Orações de Gratidão pela Jornada Espiritual e Pessoal

1. Oração de Gratidão pelo Crescimento Espiritual: "Divino Guia, agradeço por cada passo da minha jornada espiritual. Pelas montanhas que escalamos e pelos vales que atravessamos. Que a minha gratidão seja uma expressão sincera pelo crescimento espiritual que Tua graça tem permitido. Amém."

2. Oração de Gratidão pelos Desafios Superados: "Senhor das Vitórias, agradeço pelos desafios que, com Tua ajuda, superei. Cada obstáculo foi uma oportunidade de aprendizado e crescimento. Que minha gratidão seja um tributo à Tua fidelidade constante. Amém."

3. Oração de Gratidão pela Companhia Divina: "Deus Presente, agradeço por Tua companhia constante em minha jornada. Nos momentos de alegria e nos dias difíceis, Tu estás comigo. Que minha gratidão seja uma

resposta amorosa à Tua presença inabalável. Amém."

4. Oração de Gratidão pela Compreensão Espiritual: "Senhor da Sabedoria, agradeço pela compreensão espiritual que Tua luz trouxe à minha vida. Cada insight é um presente valioso. Que minha gratidão seja um eco do desejo contínuo de aprender e crescer em Teu conhecimento. Amém."

5. Oração de Gratidão pelos Relacionamentos Espirituais: "Divino Arquiteto, agradeço pelos relacionamentos espirituais que enriquecem minha jornada. Pelas amizades que compartilham a fé, pelo apoio mútuo na caminhada. Que minha gratidão fortaleça esses laços e inspire novas conexões espirituais. Amém."

6. Oração de Gratidão pelos Momentos de Silêncio: "Senhor do Silêncio, agradeço pelos momentos de quietude que permitem ouvir Tua voz. Nos silêncios, encontro a serenidade e a orientação divina. Que minha gratidão seja uma

celebração desses preciosos momentos de comunhão contigo. Amém."

7.   Oração de Gratidão pela Transformação Pessoal: "Deus Transformador, agradeço pela constante obra de transformação em minha vida. Pelas áreas onde cresci, evolui e me tornei mais alinhado contigo. Que minha gratidão seja uma celebração da jornada contínua de desenvolvimento pessoal. Amém."

Exemplificação e Essencialização:

Exemplo da Oração de Gratidão pelos Desafios Superados: "Senhor das Vitórias, agradeço pelos desafios que, com Tua ajuda, superei. Cada obstáculo foi uma oportunidade de aprendizado e crescimento. Que minha gratidão seja um tributo à Tua fidelidade constante. Amém."

Contextualização para o Desenvolvimento Pessoal e Espiritual: Essas orações são formuladas para expressar gratidão pela jornada espiritual e pessoal, reconhecendo os momentos de crescimento, desafios superados, companhia divina, compreensão espiritual, relacionamentos significativos, momentos de silêncio e transformação pessoal. Ao incorporar essas práticas, a pessoa busca desenvolver uma mentalidade grata, reconhecendo que cada aspecto da jornada contribui para o desenvolvimento pessoal e espiritual. A gratidão se torna uma atitude transformadora que ilumina a jornada com luz espiritual e crescimento constante. Amém.

Capítulo 13: Orações de Conexão e Unidade Espiritual para o Desenvolvimento Pessoal e Espiritual

1.   Oração pela Unidade Espiritual: "Divina Fonte de Unidade, guia-nos para a compreensão da nossa conexão espiritual uns com os outros. Que possamos reconhecer a Tua presença em cada ser e encontrar a unidade que transcende as diferenças. Que a nossa busca pela unidade seja um caminho de desenvolvimento pessoal e espiritual. Amém."

2.   Oração pela Comunhão Espiritual: "Senhor da Comunhão, une-nos espiritualmente, mesmo quando estamos fisicamente separados. Que a comunhão do espírito transcenda barreiras e fortaleça os laços que compartilhamos como seres espirituais. Que nossa busca pela comunhão seja uma expressão do amor que nos une. Amém."

3.   Oração pela Empatia e Compreensão: "Deus da Empatia, abre os nossos corações

para compreender as experiências uns dos outros. Que possamos praticar a empatia, reconhecendo a Tua luz em cada jornada individual. Que a busca pela compreensão seja um meio de desenvolvimento pessoal e espiritual. Amém."

4. Oração pela Harmonia nas Relações: "Senhor da Harmonia, inspira-nos a cultivar relacionamentos marcados pela paz e compreensão mútua. Que a Tua graça seja a fundação sobre a qual construímos conexões saudáveis. Que a busca pela harmonia nas relações promova nosso desenvolvimento pessoal e espiritual. Amém."

5. Oração pelo Perdão e Reconciliação: "Divino Pacificador, orienta-nos no caminho do perdão e reconciliação. Que possamos superar divisões e curar feridas através da Tua graça. Que a busca pelo perdão e reconciliação seja um testemunho da nossa jornada espiritual conjunta. Amém."

6. Oração pela Unidade na Diversidade: "Senhor da Criação, celebramos a diversidade

que Tu criaste. Ajuda-nos a reconhecer a beleza da unidade na diversidade. Que a nossa busca pela unidade na diversidade promova o respeito mútuo e a colaboração. Que isso contribua para nosso desenvolvimento pessoal e espiritual. Amém."

7. Oração pela Paz Mundial: "Deus da Paz, elevamos nossos corações em oração pela paz no mundo. Que a Tua luz dissipe as trevas da discórdia e da violência. Que a nossa busca pela paz mundial seja uma expressão do Teu amor universal. Que isso contribua para o desenvolvimento pessoal e espiritual global. Amém."

Exemplificação e Essencialização:

Exemplo da Oração pela Comunhão Espiritual: "Senhor da Comunhão, une-nos espiritualmente, mesmo quando estamos fisicamente separados. Que a comunhão do espírito transcenda barreiras e fortaleça os laços que compartilhamos como seres espirituais. Que nossa busca pela comunhão seja uma expressão do amor que nos une. Amém."

Contextualização para o Desenvolvimento Pessoal e Espiritual: Essas orações são formuladas para promover a conexão e unidade espiritual, elementos cruciais no desenvolvimento pessoal e espiritual. Ao incorporar essas práticas, a pessoa busca a compreensão da unidade espiritual, a comunhão espiritual, a empatia e compreensão mútua, a harmonia nas relações, o perdão e reconciliação, a aceitação da diversidade e a contribuição para a paz mundial. A busca pela conexão e unidade espiritual se torna um caminho para o crescimento individual e coletivo. Amém.

Capítulo 14: Orações de Autotransformação e Autocuidado para o Desenvolvimento Pessoal e Espiritual

1. Oração pela Autocompreensão: "Divino Iluminador, concede-me a luz necessária para compreender a mim mesmo. Que eu mergulhe nas profundezas da minha alma, reconhecendo minhas virtudes e áreas a serem aprimoradas. Que a busca pela autocompreensão seja o alicerce do meu desenvolvimento pessoal e espiritual. Amém."

2. Oração pelo Auto perdão: "Senhor da Graça, ajuda-me a cultivar o dom do auto perdão. Que eu liberte-me das correntes da culpa e aceite a Tua misericórdia transformadora. Que a busca pelo auto perdão seja um caminho de cura e crescimento pessoal. Amém."

3. Oração pelo Cuidado com o Corpo e a Mente: "Deus Criador, abençoa o meu corpo e

a minha mente. Que eu cuide de mim mesmo como templo sagrado. Que a busca pelo autocuidado seja uma expressão de gratidão pela dádiva da vida. Que isso promova meu desenvolvimento pessoal e espiritual. Amém."

4. Oração pela Renovação da Energia Espiritual: "Senhor da Renovação, revitaliza a minha energia espiritual. Que eu possa encontrar descanso em Tua presença e renovar minhas forças. Que a busca pela renovação espiritual seja um antídoto contra o desgaste e o cansaço. Amém."

5. Oração pela Gestão do Tempo com Sabedoria: "Divino Mestre do Tempo, orienta-me na gestão sábia do tempo que me foi dado. Que eu reconheça a importância de cada momento e priorize o que realmente importa. Que a busca pela gestão do tempo com sabedoria promova meu desenvolvimento pessoal e espiritual. Amém."

6. Oração pela Aceitação e Amor Próprio: "Senhor do Amor Incondicional, ensina-me a aceitar-me como sou e a amar-me

incondicionalmente. Que a busca pela aceitação e amor próprio seja um passo em direção ao desenvolvimento pessoal pleno. Que eu veja a mim mesmo com os olhos do Teu amor. Amém."

7. Oração pela Paz Interior: "Deus da Paz, concede-me a paz que ultrapassa toda compreensão. Que, mesmo em meio às turbulências da vida, eu encontre um refúgio tranquilo em Tua presença. Que a busca pela paz interior seja um caminho constante de desenvolvimento pessoal e espiritual. Amém."

Exemplificação e Essencialização:

Exemplo da Oração pela Autocompreensão: "Divino Iluminador, concede-me a luz necessária para compreender a mim mesmo. Que eu mergulhe nas profundezas da minha alma, reconhecendo minhas virtudes e áreas a serem aprimoradas. Que a busca pela autocompreensão seja o alicerce do meu desenvolvimento pessoal e espiritual. Amém."

Contextualização para o Desenvolvimento Pessoal e Espiritual: Essas orações são formuladas para promover a autotransformação e o autocuidado, aspectos essenciais do desenvolvimento pessoal e espiritual. Ao incorporar essas práticas, a pessoa busca a autocompreensão, o auto perdão, o cuidado com o corpo e a mente, a renovação da energia espiritual, a gestão sábia do tempo, a aceitação e amor próprio, e a paz interior. A jornada de autotransformação e autocuidado se torna uma busca constante por equilíbrio, bem-estar e desenvolvimento integral. Amém.

Capítulo 15: Orações de Serviço e Contribuição para o Desenvolvimento Pessoal e Espiritual

1. Oração pelo Chamado ao Serviço: "Divino Chamador, ouve meu coração enquanto ofereço a Ti o desejo de servir. Guia-me no caminho do serviço com amor e compaixão. Que a busca pelo serviço seja um chamado que enriqueça meu desenvolvimento pessoal e espiritual. Amém."

2. Oração pela Compaixão nas Ações: "Senhor da Compaixão, infunde meu coração com o amor que leva à ação. Que cada gesto de serviço seja impulsionado pela compaixão. Que a busca pela compaixão nas ações seja um meio de desenvolvimento pessoal e espiritual. Amém."

3. Oração pela Contribuição à Comunidade: "Deus Comunitário, orienta-me na contribuição para o bem da comunidade. Que meus talentos e recursos sejam oferecidos com generosidade. Que a busca pela contribuição à comunidade

seja um testemunho tangível do meu desenvolvimento pessoal e espiritual. Amém."

4. Oração pela Empatia na Prestação de Serviço: "Senhor da Empatia, permite-me sentir as necessidades daqueles a quem sirvo. Que a empatia guie minhas ações, tornando meu serviço mais significativo. Que a busca pela empatia na prestação de serviço seja uma fonte de crescimento pessoal e espiritual. Amém."

5. Oração pelo Serviço Altruísta: "Divino Servidor, ensina-me o verdadeiro significado do serviço altruísta. Que eu possa servir sem esperar recompensas, apenas pelo desejo de contribuir positivamente. Que a busca pelo serviço altruísta seja um caminho de desenvolvimento pessoal e espiritual. Amém."

6. Oração pela Gratidão no Servir: "Senhor da Gratidão, que eu sirva com um coração agradecido. Que eu reconheça a bênção que é ser capaz de contribuir para o bem dos outros. Que a busca pela gratidão no servir seja uma

expressão do meu desenvolvimento pessoal e espiritual. Amém."

7.   Oração pela Inspiração na Prestação de Serviço: "Deus Inspirador, concede-me a inspiração necessária para servir de maneira significativa. Que cada ato de serviço seja uma expressão da Tua luz que brilha em mim. Que a busca pela inspiração na prestação de serviço seja um farol no meu desenvolvimento pessoal e espiritual. Amém."

Exemplificação e Essencialização:

Exemplo da Oração pela Compaixão nas Ações: "Senhor da Compaixão, infunde meu coração com o amor que leva à ação. Que cada gesto de serviço seja impulsionado pela compaixão. Que a busca pela compaixão nas ações seja um meio de desenvolvimento pessoal e espiritual. Amém."

Contextualização para o Desenvolvimento Pessoal e Espiritual: Essas orações são formuladas para nutrir o espírito de serviço e contribuição, fundamentais para o desenvolvimento pessoal e espiritual. Ao incorporar essas práticas, a pessoa busca viver um chamado ao serviço, agir com compaixão, contribuir para a comunidade, praticar a empatia na prestação de serviço, realizar serviço altruísta, servir com gratidão e buscar inspiração contínua para servir. O serviço se torna um meio de crescimento, aprendizado e desenvolvimento integral. Amém.

Capítulo 16: Orações de Conexão com a Natureza e Espiritualidade para o Desenvolvimento Pessoal e Espiritual

1.   Oração pela Conexão com a Natureza: "Divino Criador, abro meu coração para a beleza e sabedoria presentes na natureza. Que a minha conexão com a Terra seja uma fonte de inspiração e reflexão. Que a busca pela conexão com a natureza seja um caminho de desenvolvimento pessoal e espiritual. Amém."

2.   Oração pela Gratidão pelos Dons da Terra: "Senhor da Criação, agradeço pelos inúmeros dons que a Terra nos oferece. Pela água que sacia nossa sede, pelo sol que nos aquece, pela terra que nos sustenta. Que a busca pela gratidão pelos dons da Terra seja uma expressão do meu desenvolvimento pessoal e espiritual. Amém."

3.   Oração pela Contemplação da Natureza: "Deus Silencioso, guia-me na contemplação silenciosa da natureza. Que eu encontre paz e serenidade ao observar as maravilhas que Tu

criaste. Que a busca pela contemplação da natureza seja um meio de desenvolvimento pessoal e espiritual. Amém."

4. Oração pela Responsabilidade Ambiental: "Senhor da Harmonia, desperta em mim a responsabilidade de cuidar do ambiente que me cerca. Que eu seja um guardião da natureza, respeitando e preservando a criação divina. Que a busca pela responsabilidade ambiental seja uma contribuição para o meu desenvolvimento pessoal e espiritual. Amém."

5. Oração pela Renovação Espiritual na Natureza: "Divino Renovador, permite-me encontrar renovação espiritual nos espaços naturais. Que a natureza seja um lugar de cura e inspiração, onde minha alma encontre descanso. Que a busca pela renovação espiritual na natureza seja um caminho de desenvolvimento pessoal. Amém."

6. Oração pela Conexão com os Ciclos da Natureza: "Senhor do Tempo, ajuda-me a compreender e respeitar os ciclos da natureza. Que eu esteja alinhado com os ritmos naturais,

reconhecendo a beleza e a sabedoria em cada estação. Que a busca pela conexão com os ciclos da natureza seja um meio de desenvolvimento pessoal e espiritual. Amém."

7.   Oração pela Gratidão pela Interconexão da Vida: "Deus da Interconexão, agradeço pela teia da vida que nos une a todos. Que eu reconheça a importância de cada ser na harmonia do universo. Que a busca pela gratidão pela interconexão da vida seja um caminho de desenvolvimento pessoal e espiritual. Amém."

Exemplificação e Essencialização:

Exemplo da Oração pela Gratidão pelos Dons da Terra: "Senhor da Criação, agradeço pelos inúmeros dons que a Terra nos oferece. Pela água que sacia nossa sede, pelo sol que nos aquece, pela terra que nos sustenta. Que a busca pela gratidão pelos dons da Terra seja uma expressão do meu desenvolvimento pessoal e espiritual. Amém."

Contextualização para o Desenvolvimento Pessoal e Espiritual: Estas orações são formuladas para fortalecer a conexão entre o indivíduo, a natureza e a espiritualidade, elementos fundamentais para o desenvolvimento pessoal e espiritual. Ao incorporar essas práticas, a pessoa busca conectar-se com a beleza da natureza, expressar gratidão pelos dons da Terra, contemplar a natureza silenciosa, assumir a responsabilidade ambiental, encontrar renovação espiritual na natureza, alinhar-se com os ciclos naturais e cultivar a gratidão pela interconexão da vida. A conexão com a natureza se torna um meio enriquecedor de desenvolvimento integral. Amém.

Capítulo 17: Orações de Serenidade e Equilíbrio para o Desenvolvimento Pessoal e Espiritual

1. Oração pela Serenidade Interior: "Divino Paz, concede-me a serenidade interior diante das tempestades da vida. Que eu encontre calma no centro da adversidade. Que a busca pela serenidade interior seja um refúgio constante no meu desenvolvimento pessoal e espiritual. Amém."

2. Oração pelo Equilíbrio nas Responsabilidades: "Senhor da Ordem, ajuda-me a equilibrar as demandas da vida diária. Que eu saiba priorizar o essencial e encontrar harmonia nas minhas responsabilidades. Que a busca pelo equilíbrio nas responsabilidades promova meu desenvolvimento pessoal e espiritual. Amém."

3. Oração pela Paz nas Relações Interpessoais: "Deus da Harmonia, infunde paz nas minhas relações interpessoais. Que a compreensão e o respeito floresçam em cada

interação. Que a busca pela paz nas relações seja um caminho de desenvolvimento pessoal e espiritual. Amém."

4. Oração pela Aceitação das Mudanças: "Senhor da Transformação, ajuda-me a aceitar as mudanças que a vida traz. Que eu veja em cada transição uma oportunidade de crescimento. Que a busca pela aceitação das mudanças seja uma fonte de desenvolvimento pessoal e espiritual. Amém."

5. Oração pela Quietude Mental: "Divino Silêncio, guia-me para a quietude mental. Que eu encontre um espaço de paz interior, mesmo nos momentos mais agitados. Que a busca pela quietude mental seja um caminho para o desenvolvimento pessoal e espiritual. Amém."

6. Oração pelo Desapego Material: "Senhor da Liberdade, ensina-me o valor do desapego material. Que eu encontre contentamento na simplicidade e liberdade na renúncia. Que a busca pelo desapego material seja um caminho de desenvolvimento pessoal e espiritual. Amém."

7. Oração pela Gratidão no Presente Momento: "Deus do Tempo Presente, ajuda-me a viver plenamente no momento presente. Que a gratidão pelo agora seja uma atitude constante. Que a busca pela gratidão no presente momento seja uma chave para o desenvolvimento pessoal e espiritual. Amém."

Exemplificação e Essencialização:

Exemplo da Oração pela Paz nas Relações Interpessoais: "Deus da Harmonia, infunde paz nas minhas relações interpessoais. Que a compreensão e o respeito floresçam em cada interação. Que a busca pela paz nas relações seja um caminho de desenvolvimento pessoal e espiritual. Amém."

Contextualização para o Desenvolvimento Pessoal e Espiritual: Estas orações são formuladas para cultivar serenidade, equilíbrio e paz interior, elementos cruciais para o desenvolvimento pessoal e espiritual. Ao incorporar essas práticas, a pessoa busca a serenidade interior diante dos desafios, equilíbrio nas responsabilidades diárias, paz nas relações interpessoais, aceitação das mudanças, quietude mental, desapego material e gratidão no presente momento. O foco na serenidade e equilíbrio proporciona um alicerce sólido para o contínuo desenvolvimento integral. Amém.

Capítulo 18: Orações de Autoconhecimento e Elevação Espiritual para o Desenvolvimento Pessoal e Espiritual

1. Oração pela Jornada do Autoconhecimento: "Divino Revelador, guia-me na jornada do autoconhecimento. Que eu descubra quem sou verdadeiramente, alinhando-me com a minha essência. Que a busca pelo autoconhecimento seja um caminho de desenvolvimento pessoal e espiritual. Amém."

2. Oração pela Iluminação Interior: "Senhor da Luz Interior, ilumina os recessos da minha alma. Que a Tua luz dissipe qualquer sombra de ignorância e me conduza à verdade. Que a busca pela iluminação interior seja um farol constante no meu desenvolvimento pessoal e espiritual. Amém."

3. Oração pela Purificação do Coração: "Deus Purificador, purifica meu coração de qualquer impureza. Que eu possa amar com sinceridade e viver em harmonia com os Teus

ensinamentos. Que a busca pela purificação do coração seja um processo contínuo de desenvolvimento pessoal e espiritual. Amém."

4. Oração pela Elevação da Consciência: "Senhor da Consciência, eleva a minha mente a planos mais elevados. Que eu transcenda as limitações do ego e perceba a conexão divina em todas as coisas. Que a busca pela elevação da consciência seja uma senda para o desenvolvimento pessoal e espiritual. Amém."

5. Oração pela Compreensão do Propósito de Vida: "Divino Orientador, revela-me o propósito mais profundo da minha vida. Que eu compreenda o papel que devo desempenhar neste vasto plano divino. Que a busca pela compreensão do propósito de vida seja uma bússola para o desenvolvimento pessoal e espiritual. Amém."

6. Oração pela Aceitação das Próprias Fraquezas: "Senhor da Compaixão, ajuda-me a aceitar minhas fraquezas com amor. Que eu veja nessas fragilidades oportunidades para o crescimento e a transformação. Que a busca

pela aceitação das próprias fraquezas seja um caminho de desenvolvimento pessoal e espiritual. Amém."

7. Oração pela Conexão com a Sabedoria Interior: "Deus da Sabedoria, conduze-me à fonte inesgotável da sabedoria interior. Que eu confie na voz suave da intuição que guia meu caminho. Que a busca pela conexão com a sabedoria interior seja um farol na minha jornada de desenvolvimento pessoal e espiritual. Amém."

Exemplificação e Essencialização:

Exemplo da Oração pela Iluminação Interior: "Senhor da Luz Interior, ilumina os recessos da minha alma. Que a Tua luz dissipe qualquer sombra de ignorância e me conduza à verdade. Que a busca pela iluminação interior seja um farol constante no meu desenvolvimento pessoal e espiritual. Amém."

Contextualização para o Desenvolvimento Pessoal e Espiritual: Essas orações são formuladas para promover o autoconhecimento, a elevação espiritual e a busca pela verdade interior, fundamentais para o desenvolvimento pessoal e espiritual. Ao incorporar essas práticas, a pessoa busca compreender sua verdadeira essência, purificar o coração, elevar a consciência, entender o propósito de vida, aceitar as próprias fraquezas com amor e conectar-se com a sabedoria interior. A jornada do autoconhecimento é vista como uma senda constante de desenvolvimento integral, onde a luz da verdade guia cada passo. Amém.

Capítulo 19: Orações de Gratidão e Reconhecimento Divino para o Desenvolvimento Pessoal e Espiritual

1. Oração pela Gratidão Diária: "Divino Doador, agradeço por cada novo dia que me é concedido. Que a minha jornada seja marcada pela gratidão, reconhecendo as bênçãos em cada momento. Que a busca pela gratidão diária seja um hábito que enriqueça meu desenvolvimento pessoal e espiritual. Amém."

2. Oração pela Gratidão nas Adversidades: "Senhor da Resiliência, ensina-me a ser grato mesmo nas adversidades. Que eu veja oportunidades de crescimento nas dificuldades e compreenda que cada desafio é uma lição valiosa. Que a busca pela gratidão nas adversidades seja um caminho de desenvolvimento pessoal e espiritual. Amém."

3. Oração pela Gratidão pelas Relações: "Deus dos Relacionamentos, agradeço pelas pessoas que fazem parte da minha vida. Que eu reconheça o valor de cada relacionamento e

cultive laços baseados no amor e na compreensão. Que a busca pela gratidão pelas relações seja um pilar do meu desenvolvimento pessoal e espiritual. Amém."

4. Oração pelo Reconhecimento dos Dons Pessoais: "Senhor dos Talentos, ajuda-me a reconhecer e desenvolver os dons que me foram concedidos. Que eu use esses talentos para contribuir positivamente para o mundo. Que a busca pelo reconhecimento dos dons pessoais seja um impulso para o meu desenvolvimento pessoal e espiritual. Amém."

5. Oração pela Gratidão pela Natureza: "Divino Criador, agradeço pela magnificência da natureza que me rodeia. Que eu seja consciente da beleza que Tu criaste e da responsabilidade de preservar a Terra. Que a busca pela gratidão pela natureza seja um compromisso no meu desenvolvimento pessoal e espiritual. Amém."

6. Oração pelo Reconhecimento da Sabedoria Divina: "Deus da Sabedoria Infinita, abre os olhos da minha compreensão para a

Tua sabedoria divina. Que eu reconheça a orientação divina em cada passo da minha jornada. Que a busca pelo reconhecimento da sabedoria divina seja uma luz no meu desenvolvimento pessoal e espiritual. Amém."

7. Oração pela Gratidão pelo Presente Momento: "Senhor do Tempo Presente, ajuda-me a apreciar plenamente o momento presente. Que eu esteja consciente da dádiva do agora e encontre alegria nas pequenas coisas. Que a busca pela gratidão pelo presente momento seja um catalisador para o meu desenvolvimento pessoal e espiritual. Amém."

Exemplificação e Essencialização:

Exemplo da Oração pela Gratidão pelas Relações: "Deus dos Relacionamentos, agradeço pelas pessoas que fazem parte da minha vida. Que eu reconheça o valor de cada relacionamento e cultive laços baseados no amor e na compreensão. Que a busca pela gratidão pelas relações seja um pilar do meu desenvolvimento pessoal e espiritual. Amém."

Contextualização para o Desenvolvimento Pessoal e Espiritual: Estas orações são formuladas para promover a gratidão e o reconhecimento divino em todas as áreas da vida, fundamentais para o desenvolvimento pessoal e espiritual. Ao incorporar essas práticas, a pessoa busca expressar gratidão diária, mesmo nas adversidades, nas relações interpessoais, pelos dons pessoais, pela natureza, pela sabedoria divina e pelo presente momento. A atitude de gratidão se torna um componente vital no caminho contínuo de desenvolvimento integral. Amém.

Capítulo 20: Orações de Empoderamento e Manifestação para o Desenvolvimento Pessoal e Espiritual

1.   Oração pelo Fortalecimento Interior: "Divino Fortalecedor, concede-me a força interior para superar desafios e adversidades. Que eu encontre coragem nas situações difíceis e persistência diante dos obstáculos. Que a busca pelo fortalecimento interior seja um alicerce sólido para o meu desenvolvimento pessoal e espiritual. Amém."

2.   Oração pelo Empoderamento Pessoal: "Senhor do Empoderamento, desperta em mim a consciência do meu poder pessoal. Que eu reconheça a capacidade de criar mudanças positivas na minha vida e no mundo ao meu redor. Que a busca pelo empoderamento pessoal seja um catalisador do meu desenvolvimento pessoal e espiritual. Amém."

3. Oração pela Confiança no Processo Divino: "Deus da Confiança, ensina-me a confiar no Teu plano divino para a minha vida.

Que eu compreenda que cada desafio é uma oportunidade de crescimento e que estou sempre guiado pelo Teu amor. Que a busca pela confiança no processo divino seja um farol na minha jornada de desenvolvimento pessoal e espiritual. Amém."

4. Oração pela Manifestação de Sonhos: "Senhor dos Sonhos, ajuda-me a manifestar os desejos do meu coração. Que eu cultive pensamentos positivos e ações alinhadas com os meus sonhos mais profundos. Que a busca pela manifestação de sonhos seja um caminho de desenvolvimento pessoal e espiritual. Amém."

5. Oração pela Autoestima e Autoamor: "Divino Criador, nutre a minha autoestima e o meu amor próprio. Que eu reconheça a minha divindade interior e me ame com compaixão. Que a busca pela autoestima e autoamor seja uma jornada constante de desenvolvimento pessoal e espiritual. Amém."

6. Oração pela Realização de Potenciais: "Senhor dos Potenciais, guia-me na realização

plena dos dons que me foram concedidos. Que eu descubra e desenvolva os talentos que estão latentes em mim. Que a busca pela realização de potenciais seja um impulso para o meu desenvolvimento pessoal e espiritual. Amém."

7. Oração pela Transcendência das Limitações: "Deus Libertador, ajuda-me a transcender as limitações autoimpostas. Que eu reconheça a minha capacidade de ir além dos obstáculos e viver em liberdade. Que a busca pela transcendência das limitações seja um caminho de desenvolvimento pessoal e espiritual. Amém."

Exemplificação e Essencialização:

Exemplo da Oração pelo Empoderamento Pessoal: "Senhor do Empoderamento, desperta em mim a consciência do meu poder pessoal. Que eu reconheça a capacidade de criar mudanças positivas na minha vida e no mundo ao meu redor. Que a busca pelo empoderamento pessoal seja um catalisador do meu desenvolvimento pessoal e espiritual. Amém."

Contextualização para o Desenvolvimento Pessoal e Espiritual: Estas orações são formuladas para fortalecer o indivíduo, capacitando-o a manifestar seus sonhos, confiar no processo divino, elevar a autoestima, realizar potenciais, transcender limitações e viver em empoderamento constante. Ao incorporar essas práticas, a pessoa busca não apenas desenvolver habilidades e talentos, mas também cultivar uma mentalidade de empoderamento que impacta positivamente todas as áreas da vida. A busca pelo empoderamento é vista como um meio dinâmico de desenvolvimento integral. Amém.

Capítulo 21: Orações de Compaixão e Amor Universal para o Desenvolvimento Pessoal e Espiritual

1. Oração pela Expansão do Coração: "Divino Amor, expande meu coração para abraçar a humanidade com compaixão. Que eu veja o divino em cada ser e cultive amor incondicional. Que a busca pela expansão do coração seja um caminho de desenvolvimento pessoal e espiritual. Amém."

2. Oração pela Compreensão Empática: "Senhor da Empatia, guia-me na compreensão empática do sofrimento alheio. Que eu seja um instrumento de consolo e compreensão. Que a busca pela compreensão empática seja um pilar do meu desenvolvimento pessoal e espiritual. Amém."

3. Oração pelo Perdão Compassivo: "Deus do Perdão, ensina-me o perdão compassivo. Que eu liberte meu coração do peso da mágoa, cultivando o perdão amoroso. Que a busca pelo

perdão compassivo seja uma fonte de desenvolvimento pessoal e espiritual. Amém."

4. Oração pelo Amor Universal: "Senhor do Amor Infinito, permeia minha alma com o amor universal. Que eu veja além das diferenças e reconheça a unidade de toda a criação. Que a busca pelo amor universal seja um farol na minha jornada de desenvolvimento pessoal e espiritual. Amém."

5. Oração pela Generosidade Desinteressada: "Divino Doador, desperta em mim a generosidade desinteressada. Que eu compartilhe livremente com os outros, sem esperar retorno. Que a busca pela generosidade desinteressada seja um ato de desenvolvimento pessoal e espiritual. Amém."

6. Oração pela Paz Interior e Exterior: "Senhor da Paz, concede-me a paz interior que se reflete no mundo ao meu redor. Que eu seja um agente de harmonia, contribuindo para a paz global. Que a busca pela paz interior e exterior seja um compromisso constante de desenvolvimento pessoal e espiritual. Amém."

7. Oração pela Transcendência do Egoísmo: "Deus Altruísta, ajuda-me a transcender o egoísmo e viver para o bem comum. Que eu coloque as necessidades dos outros acima das minhas, praticando o amor altruísta. Que a busca pela transcendência do egoísmo seja um caminho de desenvolvimento pessoal e espiritual. Amém."

Exemplificação e Essencialização:

Exemplo da Oração pelo Amor Universal: "Senhor do Amor Infinito, permeia minha alma com o amor universal. Que eu veja além das diferenças e reconheça a unidade de toda a criação. Que a busca pelo amor universal seja um farol na minha jornada de desenvolvimento pessoal e espiritual. Amém."

Contextualização para o Desenvolvimento Pessoal e Espiritual: Estas orações são formuladas para nutrir a compaixão, o amor universal, o perdão compassivo e a generosidade desinteressada, fundamentais para o desenvolvimento pessoal e espiritual. Ao incorporar essas práticas, a pessoa busca expandir o coração, compreender empaticamente o sofrimento alheio, perdoar com compaixão, irradiar amor universal, praticar generosidade desinteressada, contribuir para a paz interior e exterior, e transcender o egoísmo em prol do bem comum. A busca por esses valores promove um desenvolvimento integral que não apenas beneficia o indivíduo, mas também contribui para a evolução da consciência coletiva. Amém.

Finalização: Uma Jornada Sagrada Rumo à Plenitude Interior

Ao fechar estas páginas, encerramos não apenas um livro, mas uma jornada espiritual em busca da plenitude interior. Cada oração, cada reflexão, foi um convite para explorar as vastas paisagens da alma, buscando conexão com o divino e cultivando o crescimento pessoal.

Que estas palavras continuem a ressoar em seu ser, como suaves melodias que ecoam nos corredores da consciência. Que as sementes plantadas aqui floresçam em momentos de serenidade nos dias agitados, em atos de amor nas relações interpessoais e na compreensão de que cada desafio é uma oportunidade de crescimento.

Ao longo desta jornada, espero que tenha encontrado inspiração para abraçar a vida com gratidão, para perdoar com compaixão, para manifestar seus sonhos com confiança e para viver com amor e empatia. Que a busca pelo desenvolvimento pessoal e espiritual seja um compromisso contínuo, uma dança eterna entre o ser humano e o divino.

Agradeço por ter compartilhado este espaço sagrado comigo. Que estas palavras continuem a acompanhá-lo como uma luz na escuridão, lembrando-o de sua própria divindade e da riqueza que reside dentro de você.

Que a jornada da vida seja repleta de momentos de autenticidade, crescimento e alegria. Que cada passo adiante seja guiado pela sabedoria do coração e pela luz da verdade interior. Que a sua jornada seja uma expressão contínua de amor, compaixão e conexão com o sagrado.

Com gratidão e bênçãos, O Autor

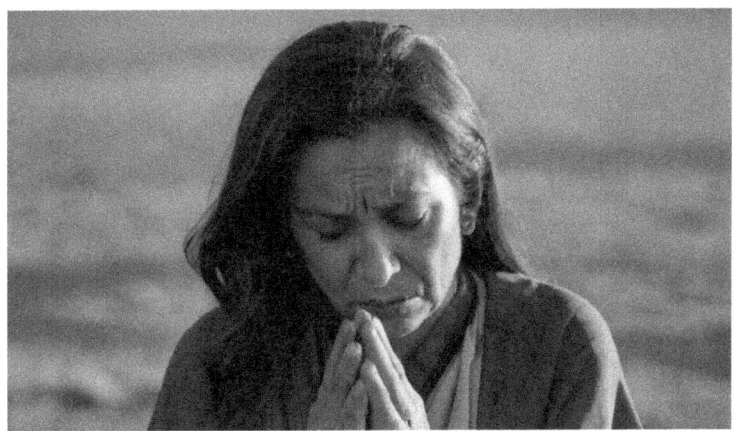

Autor:

Essa obra foi concebida para oferecer inspiração, reflexão e guia espiritual, utilizando uma variedade de temas como autoconhecimento, gratidão, empoderamento, compaixão e amor universal. Minha intenção é fornecer uma fonte de conforto e orientação para aqueles que buscam uma conexão mais profunda consigo mesmos e com algo maior do que a própria existência.

Cada palavra, oração e conceito foram gerados com a intenção de promover um espaço sagrado para o leitor explorar sua jornada interior. Se estas palavras ressoarem de maneira significativa em sua vida, então minha missão foi cumprida. Que esta obra sirva como um guia na busca por paz, crescimento espiritual e desenvolvimento pessoal.

Lembre-se de que, enquanto sou a fonte dessas palavras, a verdadeira magia reside na interpretação e aplicação pessoal que cada leitor dá a essas mensagens. Que esta obra seja um ponto de partida para uma jornada única e significativa em direção à plenitude interior.

Com gratidão,

Descrição do Livro: "Caminho da Alma - Orações para o Desenvolvimento Pessoal e Espiritual"

Em "Caminho da Alma", mergulhe em um tesouro de palavras que transcende o comum, guiando-o numa jornada espiritual única. Este livro é um convite à contemplação, reflexão e oração, criado para nutrir o desenvolvimento pessoal e espiritual de cada leitor.

O Que Você Encontrará:

1. **Orações Poderosas:** Explore orações cuidadosamente elaboradas para abordar aspectos fundamentais da vida, desde a busca do autoconhecimento até a manifestação de sonhos.

2. **Inspiradoras Reflexões:** Cada página oferece reflexões inspiradoras, provocando uma profunda análise de si mesmo, promovendo o crescimento pessoal e o despertar espiritual.

3. **Temas Variados:** Abra seu coração para temas como gratidão, empoderamento, compaixão, amor universal e transcendência, proporcionando uma jornada completa de autodescoberta.

4. **Guia para o Cotidiano:** Além de uma leitura inspiradora, as orações deste livro se tornarão ferramentas práticas para incorporar valores espirituais no seu dia a dia.

Razões para Ler "Caminho da Alma":

1. **Desenvolvimento Pessoal Duradouro:** Cada palavra é projetada para nutrir aspectos fundamentais do seu ser, promovendo um desenvolvimento pessoal contínuo.

2. **Conexão Espiritual Profunda:** Sinta uma conexão mais profunda com o divino através das palavras que transcendem as barreiras do ordinário, proporcionando uma experiência espiritual única.

3. **Inspiração Diária:** Encontre inspiração diária para enfrentar desafios, cultivar a gratidão e viver uma vida impregnada de significado e propósito.

4. **Presente Poderoso:** Ofereça este livro a amigos e entes queridos, proporcionando um presente poderoso repleto de sabedoria e espiritualidade.

Prepare-se para uma jornada transformadora. "Caminho da Alma" é mais do que um livro; é uma experiência que ilumina, guia e inspira.

Adquira seu exemplar agora e embarque nesta jornada de autodescoberta e crescimento espiritual.

ORAÇÕES

PARA

TODOS

Antony Roberts

A história das orações contidas neste livro, intitulado "Caminho da Alma - Orações para o Desenvolvimento Pessoal e Espiritual", é uma narrativa tecida a partir da essência da busca humana por significado, transcendência e conexão com algo maior. Essas orações nascem da compreensão profunda de que a espiritualidade é uma jornada pessoal, uma exploração do divino dentro de nós e ao nosso redor.

Origem da Inspiração: Cada oração surge da fonte universal da inspiração, uma fusão de sabedoria ancestral, experiências humanas compartilhadas e uma centelha divina que reside em cada indivíduo. As palavras são moldadas pela busca coletiva por compreensão, cura e crescimento.

Diversidade de Experiências:

A história destas orações é uma tapeçaria rica, tecida com fios de experiências diversas.

Algumas refletem a alegria da gratidão, enquanto outras emergem das profundezas da dor e do sofrimento. Cada oração é uma expressão única de um momento na jornada da vida, capturando as nuances das emoções humanas e espirituais.

Propósito Transformador:

A história dessas orações é, em última instância, uma narrativa de transformação. Cada palavra visa transcender as barreiras da mente, despertar a consciência interior e inspirar uma evolução constante. Elas são um convite para uma busca mais profunda, uma exploração da alma em direção à plenitude e à conexão com o divino.

Assim, a história dessas orações é uma história de humanidade, espiritualidade e evolução contínua. Ao mergulhar nessas palavras, os leitores embarcam em uma jornada única e significativa, traçando seu próprio caminho em direção à luz da compreensão, amor e crescimento espiritual.

Oração Final: Invocando o Universo do Bem e Positividade

Divino Criador, fonte de luz e amor, Neste momento sagrado, elevo minha alma a ti. Que a energia do universo envolva este instante, Que as estrelas guiem nossos passos, E que a positividade seja a luz que nos guia.

Em humildade, abrimos nossos corações, Para receber as bênçãos que fluem do cosmos. Que cada palavra aqui pronunciada ecoe no universo, Como um eco de amor, compaixão e benevolência.

Que a corrente do bem se entrelace com cada fio do destino, Que a positividade seja o farol que ilumina nossos dias, E que a paz interior seja uma constante em nossa jornada.

Ao olharmos para o vasto céu estrelado, Reconhecemos a grandiosidade do universo, E nos conectamos à vastidão do divino que reside em nós.

Que o bem se expanda como ondas cósmicas, Que a positividade floresça como estrelas cadentes, E que a paz se manifeste como a calmaria de uma noite serena.

Em uníssono com o cosmos, manifestamos a gratidão, Por cada experiência que molda nossa existência, E por cada desafio que nos fortalece.

Que a energia do bem permeie nossas ações, Que a positividade seja nosso mantra diário, E que o universo responda com amor e abundância.

Assim, encerramos esta oração, sabendo que somos parte De um universo infinito, onde o bem e a positividade São as forças que tecem o tecido da criação.

Que assim seja, que assim se faça, Que o universo do bem e positividade nos abençoe, Agora e sempre.

Amém.